Hedil Al-Rashid

Eine einsame Laterne

Gedichte

هديل الراشد

فانوسٌ أوحد

قصائد

Aus der Reihe "Lyrik-Salon"

Herausgeber:

Fouad EL-Auwad

bei

LSEdition

Titel
Deutsch: **Eine einsame Laterne**
Arabisch: فانوسٌ أوحد
Gedichte
قصائد

Autorin: **Al-Rashid, Hedil**
هديل الراشد
Herausgeber: **Fouad EL-Auwad**
فؤاد آل عواد
Aus der Reihe "**Lyrik-Salon**"
سلسلة صالون الشِعر

1. Auflage 2019, zweisprachig (Deutsch/Arabisch)
Edition Lyrik-Salon Spezial 2019
© Copyright Fouad EL-Auwad
www.lyrik-salon.de
© Copyright für die Originaltexte bei der Autorin

Titelbilder: Hedil Al-Rashid
Umschlagsdesign, Satz & Layout: **Fouad EL-Auwad**

Herstellung und Verlag:
BoD - Books on Demand, Norderstedt
ISBN: 9783749434831

Eine einsame Laterne

فانوسٌ أوحد

Eine einsame Laterne
Die Gedichte in diesem Band illustrieren zum Teil Kindheits- und Jugenderinnerungen aus dem Irak, dem Geburtsort der Autorin, deren Themen zwischen Frieden und Krieg wandern, wobei Idyllisches mitten im Schrecken durchaus erlebt wird. Liebe und Romantik finden ihren Platz neben Angst und Enttäuschung. Im Mittelpunkt der Themen steht außerdem die gegenwärtige Problematik des Menschen im Nahen Osten zwischen seinen Sehnsüchten und den außerhalb seiner Macht liegenden politischen Umständen, zwischen Heimat und Flucht, Mythos und Wahrheit, Selbstbestimmung und Fremdbestimmung. Die Suche nach sowohl politischer als auch geistiger Freiheit und das Streben nach einem würdevollen Leben werden hier unter anderem skizziert.

Lyrikwerke der Autorin bei Edition Lyrik-Salon:
- **"Denkst du an meine Liebe?"**,
  BOD, Edition Lyrik-Salon spezial 2015

- **"Am Saum des Himmels"**,
  BOD, Edition Lyrik-Salon spezial 2018

Widmung:
"für meine lieben Eltern, das Licht in meinem Leben".

Farbenprächtige Tulpen

blühen auf der Wiese

um die Wette

hellgrün schaut das Lindenlaub

auf uns herab

Frisch duftet das Gras

liebkost die Sinne

Und dann...

Bunte Sonnenfäden

zeichnen einen Regenbogen

auf deiner Brust

Aus meiner Brust

fliehen Schmetterlinge hinein

Vollendet ist mein Sommertraum

أزهار التيوليب

زاهية الألوان

تتسابق بالتفتح على المروج

بينما تطل علينا

أوراق الزيزفون اليانعة

عبق الحشائش

يداعب المشاعر

ومن ثم ...

خيوط الشمس الملونة

ترسم قوس قزح

على صدرك

تهرب فراشات

من صدري

لتحط عليه

فيصبح حلم الصيف متكاملاً

Träume der Kindheit

Weder ertönt

das Echo gurrender Ringeltauben

über den Zweigen des Rizinus

ihre Kleinen im Nest rufend

Noch wandern

die melancholischen Klänge

der Hirtenflöte

durch die magere Weide

jenseits der Lehmmauern

Allein das Plätschern

des kleinen namenlosen Baches

hinter dem alten Haus

das in meinem Gedächtnis weiterlebt

erinnert an längst

entschwundene Träume

der Kindheit

أحلام الطفولة

لم يعد صدى
هديل الحمام المطوق
يدوي من على أغصان الخروع
مخاطباً صغاره
في الأعشاش
ولم تعد ألحان الناي الحزينة
تشجو عشيةً
عبر الادغال المجدبة
وراء الأسوار الطينية
وحده خرير
ذاك الجدول المجهول
خلف الدار
العالق في خيالي
مازال يذكّرني
بأحلام الطفولة
المنسية

Irak Odyssee

Nach und nach

kehrt das Gedächtnis

zu den verschollenen Frühlingsblumen zurück

um den Enkeln ihre Odyssee zu erzählen

als die finstere Flut sie überschwemmte

auf die Insel der Vergessenheit verbannte

Nach und nach

kehren die Nelken aus der Verbannung zurück

um ihre verbotene Melodie zu summen

auch wenn in gedämpftem Ton

Man hört ihn kaum

unter dem Gekrächze

der herumtreibenden Krähen

auch wenn jene bereits das Grüne und Trockene

vernichtet haben

auch wenn sie spät zurück sind

Hauptsache... sie sind zurück

أوديسية العراق

رويداً رويداً
تعود الذاكرة
لأزهار الربيع المتوارية
لتروي لأحفادها أوديسيتها
منذ أن اجتاحها المدّ الظلامي
ليجرفها الى جزيرة النسيان
رويداً رويداً
تعود أزهار القرنفل من المنفى
لتدندن لحنها المحظور
وإن كان بصوتٍ خافت
لا يكاد يُسمع ما بين زعيق
الغربان الحائمة
لطالما قضت على الأخضر واليابس
وإن تأخرت بعض الشيء
المهم أنها عادت

Der Busfahrer rief:

„Nein, ich werde beim

Hotel Ballon nicht anhalten!"

Man wirft ihm vor, Demonstranten

am Hof des Hotels abgesetzt zu haben

Ich fahre mein Fahrrad

Der Weg ist holprig

Wohin führt mich nur dieser Weg?

Der Himmel über mir

versteckt sich hinter

einem dunkelgrauen Vorhang

Schwarzer Regen

Ich fahre schnell

Der Weg scheint mir nun vertrauter

Endlich erreiche ich mein Ziel

Gott sei Dank

Es ist unsere Haustür

صاح سائق الحافلة

"لا، لن أتوقف عند

محطة فندق "البالون"

يقال عنه أنه أقلّ متظاهرين

من أمام باحة الفندق

أقود دراجتي

طريقي وعرة

ولكن الى أين تأخذني

هذه الطريق الغريبة؟

السماء من فوقي تختبأ

خلف ستار رمادي غامق

غيث أسود

أقود مسرعة

تبدو الطريق لي أكثر مألوفة

أخيراً بلغت هدفي

الحمد لله

أنه باب دارنا

Die Show ist vorbei

Der Vorhang herabgelassen

Eine Oase der Schönheit

vollendet

Das Publikum begibt sich

zu seiner gewöhnlichen Bühne

Die Rollen ausgetauscht

Aus Zuschauer wird Darsteller

Auf der Bühne des Lebens

geht die Show

unretouchiert

pausenlos weiter

Als ob nichts wäre

انتهى العرض

واسدل الستار
اكتملت واحة
من واحات الجمال
حينها توجّه الحضور
الى مسرحه المعتاد
استبدلت الأدوار
أصبح المشاهد ممثلا
واستمر العرض
على مسرح الحياة
بلا ترتيش
ودون استراحة
كما لو أن شيئاً لم يكن

Anonym

Woher kommen die Meereswellen?

Diese, die den Strand der Fremde sanft frequentieren

Wohin gehen sie?

Suchen sie etwa Zuflucht vor Fragen, die nach Antworten

suchen?

Tragen sie unzählige Geschichten schweigsam mit sich?

Zensierte Geschichten, in den Abgründen der Gewissen

versunken, erloschen

weil sie an die Ufer der Geborgenheit nie gestrandet

weil ihre Helden von Pech geplagt sind

Der Tod fand sie bevor das Leben sie empfing

Eines Tages werden sie

zu Perlen, zu Korallen

Eines Tages werden sie

als schöner Schmuck

in aller Stille getragen

مجهوله

من أين تأتي أمواج البحر؟

تلك التي تتردّد على ساحل الغرباء باطمئنان

وإلى أين تُضفي؟

أتراها تبحث عن ملاذ يحميها من أسئلة بلا إجابات؟

أتراها تحمل بصمت آلاف الحكايات؟

حكايات محظورة غرقت

في أعماق الضمائر وتلاشت

لأنها لم ترسو على شاطئ الأمان

أو لأن أبطالها سيئوا الطالع

وجدهم الموت قبل أن تستقبلهم الحياة

يوماً ما ستصبح

لآلئ ومرجان

يوماً ما

ستصير حِلىً جذّابة

يُتَزيّنُ بها بكل كتمان

Samtweiche Nacht!

Eine einsame Laterne
streichelt dein Marineblau
je sanfter
desto schöner strahlst du

أيها الليل المخملي

ذاك فانوسٌ أوحد
يدلل زرقتك الداكنه
كلما ازداد دلاله رقةً
ازددت أنت إشراقاً

Meine Mutter..

eine Rosenknospe

Ihr Duft flattert sachte

berührt alle Herzen

Je länger Zeit vergeht

desto herrlicher blühen ihre Sinne auf

umarmen den Anderen

Mein Vater..

fließendes Wasser im Bach

Seine Süße stillt den Durst der Suchenden

Je länger Zeit vergeht

desto reiner wird er

mit sich selbst

und den Anderen

أمي

كبرعم الورد
عطر يرفرف بهدوء
يمسّ جميع القلوب
كلما مرّ الدهر
كلما أزدهرت جوارحها
واحتضنت الآخر

أبي

كمياه الجدول الجارية
تروي عذوبتها ظمأ الباحثين
كلما مرّ الدهر
كلما ازداد صفاءً
مع نفسه
والأخرين

Zeit vergeht

wie es ihr passt

Palmenwälder

verdichten sich

im Gedächtnis

verbergen das Licht

vor den Bächen des Trauerns

gemächlich, geschwind

Dann vergeht Zeit

wie es ihr passt

Rauer Wind

weht auf die Überreste

von Tagebüchern

pustet die letzten Spuren der Zerstörung weg

lindert die Schmerzen

weniger, mehr

يمضي الزمن

كما يشاء
تزداد غابات النخيل
في الذاكرة كثافه
تحجب الضوء
عن سواقي الأحزان
ببطءٍ.. بسرعه
ثم يمضي الزمن
كما يشاء
تهبّ رياح قاسية
على ما تبقّى من
أشلاء دفاتر المذكّرات
تمحو آخر ملامح الدمار
تخفف الاوجاع
قليلاً.. كثيراً

Der süße Duft der Orangen

vermischt sich

mit einem Hauch Ölgeruch

der aus der Heizung entweicht

als die Erinnerungen

die Spätwintererinnerungen

ineinander übergehen

Und mit dem Herabfallen der Sidarbaumfrüchte

unter den Regengüssen

stürmen die Kinder

versammeln sich die Vögel

ruht die Erde

Ihr Duft entfaltet sich

mit dem Taumeln der Baumzweige

noch immer im Gedächtnis der Erwachsenen

ويمتزج عبق البرتقال الزكيّ

بنفحاتٍ من رائحة النفط

المنبعثة من المدفأة

باختلاط الذكريات

ذكريات آخر أيام الشتاء

وبتساقط ثمرات النبق

تحت زخّات المطر

يتدافع الصغار

تتجمع العصافير

تستريح الأرض

ويبقى أريجها

مع تمايل أغصان السدر

حتى اليوم

بذاكرة الكبار فوّاح

Eine Öllampe

ein Backgammon-Brett

ein Paar Datteln

Sonst?

Sonst nichts

außer abstrakter Stille

stockdunkler Finsternis

und endlosem Warten

umgeben von besiegten

optimistischen Gesichtern

Was für ein Glück!

    Viel ist zerstört

        nur noch ein wenig steht bevor...

فانوسٌ

ولوح طاولة
وبضع تمرات
وماذا بعد؟
لا شيء سوى
سكونٌ مبهم
وظلامٌ دامس
وانتظار لانهاية له
تحيط به وجوةٌ
مهزومةٌ متفائلة
يا لحظّها الوافر!
دُمِّر الكثير
ولم يبقَ إلا القليل...

Vollmond

Mit dem Erblühen des Mondes

wachsen den Bäumen klangvolle Schatten

umarmen die Verliebten ihre Träume

erquickt sich die Nachtkönigin in der Wiege der Nacht

verschmelzen die Küsse der Liebenden mit dem Duft der

Nachtlilie

entfesseln sich Gelüste in der Fantasie der Traumtänzer

ليلة بدر

مع إطلالة البدر

تنمو للأشجار ظلالٌ ذات رنين

يحضن المغرمون أحلامهم

تزهو ملكة الليل بأحضان الليل

تتماهى قُبل العاشقين مع نفحات الزنبق

تنطلق الشهوة في خيال الراقصين الحالمين

Mondlosigkeit

Mit dem Verblühen des Mondes

versinken die Dinge in die Abgründe des Ungewissen

fallen die Träume vom Himmel, häufen sich an

zeichnen sich Märchen

auf den Gesichtern der Nachtschwärmer ab

gönnen sich die Liebenden eine Pause

lässt die Lust auf sich warten

محاق

بغياب القمر
تغرق الأشياء في أغوار المجهول
تتهافت الأحلام، تتراكم
ترتسم الخرافة على وجوه الساهرين
يأخذ العاشقون استراحة
تتريّث الشهوة

Dunkelrote, rosarote Rosen

Tautropfen

ein Marienkäfer

Lichtdurchfluteter Yasmin

weißer als weiß

und mitten drin

satt grünes Gras

nass gesprenkelt

Auf dem Orangenbaumzweig

singt eine Nachtigall

und mitten drin

dein leuchtendes Lächeln

Wie schön die Rosen in deinem Haar

die rosaroten, dunkelroten...

ورود حمراء قانية وورود وردية

قطرات ندى

خنفساء

وورود الياسمين الشفافة

المنفذة للضوء

أنصع من البياض

وفي المنتصف

حشيش أخضر يانع

رُشَّ توأً بالماء

ومن على غصن شجرة البرتقال

تغريدة بلبل فتّان

وفي المنتصف

إشراقتك الساحرة

ما أجمل الورود في شعرك

الورود الحمراء القانية والورود الوردية...

Ist es ein Traum

oder Wirklichkeit?

zu sein,

nicht zu sein?

Die Netze gestriger Wolken

fesseln mich

entreißen mir die Gegenwart

einer Halbgöttin ähnlich

zwischen zwei Welten

hängen geblieben

Vielleicht ist es

das kleine Mädchen in mir

das Sterne zählt

vergebens

Ein dünner goldener Zauberfaden

aus alten Zeiten

täuscht mir eine bittersüße Trunkenheit

berauscht das Herz

auch wenn nur ein Bisschen...

أهو حلمٌ

أم حقيقة؟
أن أكون
أن لا أكون؟
سحابات الأمس
شباك تكبّلني
تجردني حاضري
كنصف آلهة حُشرت بين عالمين
ربما هي تلك الطفلة بداخلي
مازالت تعدّ النجوم
بلا جدوى
وبصيص من سحر الماضي
يوهمني بنشوة حلوة مُرّة
تُسكر القلب
ولو قليلاً

Ich betrachte dich

beim Sonnenaufgang

schlafend

die Unschuld eines Kindes

schmeichelt deine Züge

zusammengerollt,

ohnmächtig, eines Embryos gleich

mit instinktivem ungestümem

Liebesdrang nach Leben

Eine Meeresbrise

entwichen aus einem süßen Traum

schmeckt nach Sandatem

die brausenden Wellen

Klang eines Schlaflieds

aus der Welt der Fabeln

Ein Zaubermoment schleicht sachte

zu einem sicheren Ort

in meinem Geiste

Es ist mein leben-pulsierendes Geheimnis

أتأملك مع بزوغ الفجر

نائماً
وبراءة الطفل
تداعب ملامحك
مكوراً
كجنين لاحول له ولاقوة
إلا بارتباطه الغريزي
بحب الحياة
ونسيم البحر
بمذاق أنفاس الرمال
ينساب من حلم جميل
هدير الأمواج
تهويدة طفل
من عالم الحكايات
ولمحةُ سحرٍ تتسلّل برفقٍ
الى مكانٍ ما
آمن في خاطري
لتصير سرّيَ النابضَ بالحياة

Vielleicht sind es Sünden der Vergangenheit

Sie tauchen auf... von Zeit zur Zeit

um mir den Schlaf zu rauben

um mich an die Wunden des Windes zu erinnern

Sie nähern sich mir an

wie Medusas Schlangen

Jedes Mal, wenn sie mich erblicken

versteinert sich ein Bruchteil meiner Sehnsüchte

Noch habe ich die Hoffnung nicht aufgegeben

sie mir zu vergeben

ich mir zu vergeben

So kann ich mit den Möwen

in Frieden

segeln

ربما هي هفوات الماضي

تظهر بين الحين والآخر

لتؤرّقني

لتذكرني بجروح الرياح

تقترب في كل مرّة مني

كثعابين ميدوسا

كلّما لمحتني

تحجّر جزءٍ من أشواقي

ما زلت آمل

أن تغفر لي

أن أغفر لنفسي

كي أُبحر

مع طيور النورس

بسلام

Ein verlassener Strand

kühne Sandhügel

aus Goldglanz

hier und da

Hellblau hütet der Himmel

seine weißen Wolken

Baumwollbällchen gleich

heitern sie ihn auf

Milde Meeresstimmen

zischen aus einer Kindertraumwelt

Was für ein Märchen!

Wäre doch nicht jener schweigsame Körper

am Rande

ساحلٌ مهمل

رمال جسورة

بلمعان الذهب

هنا وهناك

سماءٌ تحرس غيماتها البيض

بزرقة فاتحة اللون

بينما تسلّيها الغيمات

كقطع قطن صغيرة

هدير البحر رخيمٌ

قادمٌ من أحلام الطفولة

يا لها من حكاية جميلة

لولا ذاك الجسد الصامت

على الهامش

Eine Meereswelle

fließt friedvoll vorbei

Eine weitere

liebkost unsere nackten Füße

Frische Brise

entflohen aus der Welt der Mythen

streift deine

meine Wange

Sonnengoldener Sand

berührt deine Haut

Meine Hand

ruht in deiner Hand

Und dein Blick

warm wie das Leben

erzeugt Wonne

in mir

Du fragst:

„Freust du dich?"

Ich antworte:

"Ich freue mich auf dich,

für dich und für mich!"

موجة بحر

تمر بعذوبة
وأخرى تداعب أقدامنا الحافية
نفحات زكية
هاربة من عالم الأساطير
تلامس وجنتي
تلامس وجنتك
رمل باركته الشمس
يغطي بشرتك
يدي تسكن الى يدك
ونظرتك الدافئة
دفء الحياة
تبعث الفرح
في كياني
تسألني: "ألأنتِ سعيدة؟"
أجيبك: "أنا سعيدة بك
لك ولي"

Vergeblich

hält sich der Käfer

gegen die Windböen

am Ast

Vergeblich

hält sich der Mensch

gegen den Bombensturm

am Seil des Lebens

Zwei Leben

so unterschiedlich

so ähnlich

hängen an einem seidenen Faden

Doch das Zynische dabei:

Keiner der beiden versteht

warum sein Licht

vom Erloschen bedroht ist

بلا جدوى

تتمسك الخنفساء بالغصن

ضد الإعصار

بلا جدوى

يتمسك الانسان بحبل الحياة

ضد عصف القذائف

حياتان مختلفتان

ومتشابهتان

معلقتان بخيط حريري

مما يثير السخرية

كلاهما لا يفهم سبب

تهديد شعلته بالانطفاء

Widerspenstige Gedanken

weigern sich zu integrieren

Kühne Worte

unschuldiger Absicht

nehmen freien Lauf

durch die Landschaft der Besinnungslosen

entschleiern die Scham

des ausgeschöpften heiligen Textes

mit seinem verrosteten Klang

Seine Rezitationen

belästigen ohnehin

die Ohren

ziehen gegen den Zeitstrom

Nichts als Lärm der Stagnation

Den Herzen flößt er keine Furcht mehr ein

er erweckt höchstens ihr Mitleid

أفكار جامحة

تأبى الاندماج
كلمات جريئة
فحواها بريئة
أطلقت العنان
لتفصح عن نفسها
في مروج المغيبين
تكشف الوشاح
عن عورة النص المقدس الغابر
برنينه الصَدِئ
ما فتئت تراتيله
تصدّع الأسماع
وتسير عكس التيار
لا شيء سوى ضجيج الجمود
ما عاد يرهب القلوب
بل في الغالب
يثير الشفقة

Heimatlose Worte

Mitten in der Ortslosigkeit

wo das Dickicht den Stacheldraht

fest umschlingt

verliert die Logik ihren Sinn

Mitten in der Sprachlosigkeit

der Hoffnung

auf eine sichere Zuflucht

werden die Worte

heimatlos

und die Leiden

obdachlos

Mitten in der Erbarmungslosigkeit

gewinnt die Würde an Bedeutung

كلمات بلا وطن

في منتصف اللامكان
حيث تتشابك الادغال
مع الاسلاك الشائكة
يفقد المنطق معناه
في منتصف اللاحيلة
للأمل في ملجأ آمن
تصبح الكلمات
بلا وطن
والمعاناة
بلا مأوى
في منتصف اللارحمة
تكتسب الكرامة معناها

Als die Mühlen des Krieges mahlten

suchte der Diener Zuflucht

bei seinem Herren

Als er schwieg

starb die Liebe

und damit der Mythos von

Gott

عندما دارت طواحين الحرب

استجار العبد بألهه

حينها سكت

فمات الحب

ومعه أسطورة الربّ

Als der Regen den Wald mied

zeichneten sich Falten auf den Gesichtern der Bäume ab

als die Züge des Gedeihens im Bach sich verflüchtigten

wanderten die Vögel zu den Fabeln

und damit wanderte auch das Leben aus

عندما اجتنب المطر الغابه

ارتسمت تجاعيد على وجوه الأشجار
وتلاشت ملامح الازدهار في الجدول
حينها هاجرت الطيور الى الخرافه
ومعها هاجرت الحياة

Als der Himmel bitter weinte

füllten seine Tränen die öden Täler

Als sie das traurige Land übermäßig beglückten

und es mit Wasser überfüllten

bauten die Törichten Flutmauern

die Weisen jedoch Wasserräder

(entliehen von einer buddhistischen Weisheit)

عندما بكت السماء بحرقه

ملأ دمعها الوديان الجرداء
حينها انتشت الأراضي الحزينه
وفاضت بالمياه
فبنى البلهاء سواتر واقيه
أما الحكماء فنواعير ماء
(مستوحى من حكمة بوذية)

Am Saum des Himmels

stickte ich Liebesblumen für dich

Dort zwischen die roten Fäden der Sonne

versteckte ich eine Geschichte aus Tausendundeiner Nacht

versiegelt mit einer Rose aus den Gärten Hafiz

على حاشية السماء

طرّزت زهور العشق لك
هناك ما بين خيوط الشمس الحمراء
خبّأت حكاية من ألف ليلة وليلة
خُتمت بوردة من حدائق حافظ

Das große Rätsel

„Gott schuf die Welt

in 6 Tagen"

sagt der Mönch

„Welch blühende Fantasie!"

sagt der Wissenschaftler:

„Das Universum entstand in

10 hoch -43 Sekunden"

„Welche Präzision!"

sagt der Philosoph:

„Das Weltall ist ein Zyklus ad infinitum

von Entstehen und Vergehen"

und löste noch mehr Rätsel

um das eh große Rätsel aus

اللغز العظيم

قال الكاهن:

"خلق الرب الكون

في ستة أيام"

"يا للخيال الفسيح!"

قال العالم:

"نشأ الكون

في 10 أس -43 من الثانية"

"يا للدقة المهولة"

قال الفيلسوف:

"الكون في دورة لامتناهية

من النشوء والزوال"

مثيراً ألغازاً

حول اللغز العظيم أصلاً

„Ich schenke dir meinen Baum"

sagte der Patriot enthusiastisch

zu seiner geliebten Heimat

„Behüte ihn, lass ihn Liebe blühen

atme seinen Duft ein

und umarme ihn dann, wenn die Früchte reif sind!"

antwortete die Heimat

„Ich schenke dir meinen Traum

und die Träume der Frevler"

sagte der Gotteskrieger zu seinem Gott

„Angenommen du tätest es,

wer würde mich dann anbeten

mich um Vergebung bitten

und mich lobpreisen?"

entgegnete ihm der Gott

"أهديك شجرتي"

قال الفدائي بحماس

لوطنه الحبيب

"بل احرص عليها، دعها تزهر حباً

استنشق عطرها

ثم عانقها عندما تنضج ثمارها"

أجابه الوطن

"أهديك حلمي

وأحلام الفاسقين"

قال المحارب لربّه

"لو أنّك فعلت ذلك

فمن سيعبدني

ويطلب غفراني

ويسبح بحمدي؟"

أجابه الرب

Stück für Stück

vollzieht sich die Metamorphose

Der Junge wird zum Mann

Die Sorglosigkeit wird erwachsen

nimmt einen neuen Namen

sie heißt „Konkurrenz!"

Unschuld wird schier zu eng

Man ersetzt sie durch „Cleverness"

Stück für Stück

vervollständigt sich das Wandmosaik

Freude gefolgt von Enttäuschung,

gefolgt von Hoffnung gefolgt von Liebeskummer

gefolgt von Angst gefolgt von …

شيئاً فشيئاً

تكتمل عملية التحول

يصبح الطفل رجلاً

ينضج اللهو

يطلق على نفسه:

"المنافسة"

تضيق به البراءة

تُعوض بـ"الشطارة"

شيئاً فشيئاً

تكتمل جدارية الفسيفساء

فرحٌ تعقبه خيبة أمل

يعقبه أمل تعقبه لوعة الفراق

يعقبه خوف يعقبه...

Experimentierfreudig geistern

die Mosaikstücke durch das kosmische Menschsein

Stück für Stück

verblasst der kindliche Funke

hinterlässt kaum Spuren

im unübersichtlich werdenden Lebens-Mosaik

Stück für Stück

وبروح مُحِبّة للتجربة
تحوم قطع الفسيفساء
في كونية الانسان
شيئاً فشيئاً
يبهت الوميض الطفولي
فلا يكاد يترك أثراً
في قطعة فسيفساء الحياة
الآخذة بالاضطراب
شيئاً فشيئاً

Das Rudel der Wölfe

löste sich also

im archaischen Tal auf

Es ließ

Schatten der Verwüstung

zurück

Ein Hauch Sprühregen der Träume

hängt bislang in der Luft

seine letzten Tropfen

beträufeln die vergewaltigten Körner der Erde

ein leises Echo der Fragmente

der Gelächter

der Seufzer

hier und da

تفرقت أسراب الذئاب إذن

من الوادي الموغل في القدم
خلّفت وراءها
ظلال الخراب
مازال شذا رذاذ الاحلام
معلقاً بالأجواء
ها هي آخر قطراته
ترطب حبيبات الأرض المغتصبه
صدى شظايا
الضحكات
والتنهدات
الخافت
هنا وهناك

Alles wird gut sein

Die Mädchen aus dem archaischen Tal
wurden heimtückisch ins finstere Zeitalter abgeführt
Über Nacht zwang man sie
14 Jahrhunderte zurückzulaufen
versetzt ins „goldene Zeitalter"
schändlicher Triumphe
Ihre Zöpfe hat man zwar aufgelöst
die Blumen ihrer Gärten herausgerissen
Doch ihre Sonne konnte man nicht auslöschen
auch nicht ihre Liebe zum strömenden Fluss
Seid nicht traurig, Mädchen aus dem archaischen Tal!
Die Sonne strahlt in euren Augen umso schöner als zuvor
und der strömende Fluss sehnt sich nach euren Haarsträhnen
Alles wird gut sein

كل شيء سيكون على ما يرام

فتيات الوادي الموغل في القدم
سيقت غدراً الى غياهب الدهر
أجبرن على الرجوع
مسيرة 14 قرنا
بين ليلة وضحاها
الى ذاك "العهد الذهبي"
ذي الفتوحات المخزية
حُلّت ضفائرهنّ
واقتلعت ورود جنائنهنّ
لكنهم لم يتمكّنوا من إطفاء شموسهنّ
ولا إخماد عشقهنّ لجريان النهر
لا تحزنّ، فتيات الوادي الموغل في القدم
فالشمس تشرق أجمل من ذي قبل في أعينكنّ
والنهر الجاري مشتاق إلى خصائل شعوركنّ
وكل شيء سيكون على ما يرام

Über die Horizonte

Komm mit mir Liebster

zu einem Ausflug

durch die seidene Nacht Roms

Abenteuer aus alten Zeiten durchstreifen

verwinkelte Gassen

unter dem Licht der Straßenlaternen neu entdecken

Mit einem Abendgruß verabschieden wir uns

vom Campo di Fiori

Gen Morgendämmerung fahren wir los

begrüßen "Abu Nuwas" an einem Bagdader Morgen

gehen spazieren im alten Viertel

Zwischen den kaum wiedererkennbaren Umrissen der Häuser

und den Barrikaden, den Sicherheitssperren

geraten wir auf Abwege inmitten obskurer Ruinen

عبر الآفاق

تعال معي يا حبيبي

نمضي بنزهة

عبر ليل روما الحريري

نتصفح مغامرات الماضي

نتفقد الأزقة تحت ضوء المصابيح

نودع الكامبو دي فيوري عند المساء

ثم نقود السيارة باتجاه الفجر

لنلقي تحية الصباح على بغداد أبي نواس

نتجول في الحي القديم

معالم الدور بالكاد أعرفها

موانع وحواجز أمنية

نتيه ما بين أطياف أطلال مبهمة

Die Bilanz von Gleichgültigkeit?

oder etwa von absurden Gewaltanfällen?

Wir enden mit einer Mauer

- vermutlich der des Misstrauens -

resignieren

kehren zurück

und führen unseren schönen Traum

getrost weiter

حصيلة اللامبالاة

ام ربما نوبات العنف؟

ينتهي بنا المطاف بجدار

أحسبه جدار الشك

نرضخ للأمر الواقع

ونعود أدراجنا

لنمضي بحلمنا الجميل

Hedil Al-Rashid

geboren 1970 in Basra in einer multikulturellen Familie (Vater irakischer Prof. der Physik, Mutter deutsch) studierte bis 1992 Germanistik an der Sprachfakultät der Bagdad Universität und absolvierte das Studium als Jahrgangsbeste mit dem Prädikat „Ausgezeichnet", später Orientalistik an der JLU Universität Gießen mit Magisterabschluss 1998. Ihr erstes Debüt, ein zweisprachiges, deutsch-arabisches Gedichtband „Denkst du an meine Liebe?" erschien 2015 beim Verl. BoD Edition Lyrik-Salon, hers. von Fouad EL-Auwad. Ihr zweites Gedichtband „All'orlo del cielo" (Am Saum des Himmels) ist italiensich-arabisch und erschien 2018 beim Verl. BoD/ Edition Lyrik-Salon, hers. von Fouad EL-Auwad. Ihre dichterischen Beiträge sind u. a. bei der zweisprachigen Anthologie des Deutsch-Arabischen Lyrik-Salons, der vom Dichter und Herausgeber Fouad El-Auwad 2005 ins Leben hervorgerufen worden ist, „Die Kerze brennt noch" (6. Jan. 2015) und „Zartheit des Feuers" (14. Dez. 2015). Außer ihrer Leidenschaft für Lyrik prägt sich Hedil Al-Rashids Kreativität nicht nur zwischen den Versen, sondern auch zwischen den Farben in der Malerei aus.

Hedil Al-Rashid

Eine einsame Laterne

Gedichte

هديل الراشد

فانوسٌ أوحد

قصائد

Aus der Reihe "**Lyrik-Salon**"

Herausgeber:

Fouad EL-Auwad

bei

LSEdition